The Bear Who Was Afraid Of The Dark And Other Bilingual Swedish-English Stories for Kids

Pomme Bilingual

Published by Pomme Bilingual, 2024.

While every precaution has been taken in the preparation of this book, the publisher assumes no responsibility for errors or omissions, or for damages resulting from the use of the information contained herein.

THE BEAR WHO WAS AFRAID OF THE DARK AND OTHER BILINGUAL SWEDISH-ENGLISH STORIES FOR KIDS

First edition. September 30, 2024.

ISBN: 979-8224731466

Written by Pomme Bilingual.

Table of Contents

Den lilla räven och det stora trädet

Det var en gång en liten räv som kände sig väldigt obetydlig. Alla de andra djuren i skogen verkade vara större, starkare, eller snabbare än han. Hjorten hade sina majestätiska horn, örnen sina kraftfulla vingar, och björnen sin enorma styrka. Men den lilla räven hade ingenting sådant, och därför kände han sig liten och värdelös.

En dag, när den lilla räven vandrade omkring i skogen, snubblade han över ett stort, gammalt träd. Trädet var högre än något annat han någonsin sett, med tjock bark och grenar som sträckte sig mot himlen. Den lilla räven tittade upp på trädet och suckade. "Om jag bara vore lika stor och stark som du," sa han. "Då kanske jag skulle känna mig betydelsefull."

Det stora trädet svajade försiktigt i vinden och svarade med en mild, vis röst. "Varför vill du vara större, lilla räv?" frågade trädet. "Det finns skönhet i att vara liten också."

Den lilla räven satte sig ner vid trädets fot och såg upp på de höga grenarna. "Men alla andra är så mycket större och kraftfullare än jag. De kan göra saker jag aldrig kommer att kunna göra."

Trädet log och böjde en av sina grenar närmare räven. "Visst, de andra djuren har sina styrkor," sa trädet. "Men du har något som de inte har. Genom att vara liten kan du se världen på ett sätt som de aldrig kommer att kunna göra."

Den lilla räven rynkade pannan och funderade på det trädet hade sagt. "Hur menar du?"

"Se på mig," sa trädet. "Jag är stor och stark, men jag kan inte röra mig. Jag ser världen från en enda plats. Men du, lilla räv, kan springa genom skogen, smyga mellan buskar och undersöka varje liten vrå. Du kan se detaljer som jag aldrig kan se."

Den lilla räven tittade sig omkring, som om han såg skogen för första gången. Han började märka små saker som han aldrig tänkt på förut – de fina mönstren i barken på träden, de små blommorna som gömde sig bland löven, och de minsta insekterna som kravlade fram över marken.

"Jag har aldrig tänkt på det så," sa räven sakta. "Jag antar att det finns fördelar med att vara liten."

"Det gör det, min vän," sa trädet. "Alla har sin plats i världen, och det som gör dig annorlunda är också det som gör dig speciell. Acceptera dig själv som du är, och du kommer att se att din litenhet kan vara din största styrka."

Från den dagen slutade den lilla räven att känna sig obetydlig. Han lärde sig att uppskatta sin egen storlek och såg världen med nya ögon. Han insåg att ibland är det just det att vara liten som gör att man kan se världen från ett annat perspektiv.

Och den lilla räven och det stora trädet blev de bästa av vänner, och varje dag delade de sina olika perspektiv med varandra, och på så sätt lärde de sig att världen är full av skönhet, oavsett om man är stor eller liten.

Ibland låter det att vara liten dig se världen från ett annat perspektiv.

The Little Fox and the Big Tree

Once upon a time, there was a little fox who felt very insignificant. All the other animals in the forest seemed to be bigger, stronger, or faster than him. The deer had its majestic antlers, the eagle its powerful wings, and the bear its enormous strength. But the little fox had none of these things, and so he felt small and worthless.

One day, as the little fox wandered through the forest, he stumbled upon a large, old tree. The tree was taller than anything he had ever seen, with thick bark and branches that reached up to the sky. The little fox looked up at the tree and sighed. "If only I were as big and strong as you," he said. "Then maybe I would feel important."

The big tree swayed gently in the wind and responded with a soft, wise voice. "Why do you want to be bigger, little fox?" asked the tree. "There is beauty in being small too."

The little fox sat down at the base of the tree and looked up at the high branches. "But all the others are so much bigger and more powerful than I am. They can do things I will never be able to do."

The tree smiled and bent one of its branches closer to the fox. "Sure, the other animals have their strengths," said the tree. "But you have something they don't. By being small, you can see the world in a way they never will."

The little fox furrowed his brow and thought about what the tree had said. "What do you mean?"

"Look at me," said the tree. "I am big and strong, but I cannot move. I see the world from only one place. But you, little fox, can run through the forest, sneak between bushes, and explore every little corner. You can see details that I never can."

The little fox looked around, as if he was seeing the forest for the first time. He began to notice small things he had never thought about before—the delicate patterns in the tree bark, the tiny flowers hidden among the leaves, and the smallest insects crawling over the ground.

"I never thought of it that way," the fox said slowly. "I guess there are advantages to being small."

"There are, my friend," said the tree. "Everyone has their place in the world, and what makes you different is also what makes you special. Accept yourself as you are, and you will see that your smallness can be your greatest strength."

From that day on, the little fox stopped feeling insignificant. He learned to appreciate his own size and saw the world with new eyes. He realized that sometimes it is being small that allows you to see the world from a different perspective.

And the little fox and the big tree became the best of friends, and every day they shared their different perspectives with each other, and in doing so, they learned that the world is full of beauty, whether you are big or small.

Sometimes, being small lets you see the world from a different perspective.

Pojken och den tysta floden

Det var en gång en pojke som kände sig överväldigad av livets alla ljud. I skolan var det alltid bullrigt, hemma var det aldrig en stund av lugn, och även i hans egna tankar ekade oron som aldrig ville tystna. Han längtade efter tystnad, men visste inte var han skulle finna den.

En dag, när pojken gick på en stig genom skogen, hörde han något ovanligt – eller snarare hörde han ingenting alls. Nyfiken följde han stigen tills han kom fram till en flod. Floden var bred och långsam, och vattnet rörde sig så stilla att det knappt hördes ett ljud. Pojken satte sig på en sten vid flodens kant och lyssnade.

För första gången på länge var det tyst. Inga högljudda röster, ingen musik, inga störande tankar – bara den milda rörelsen av vattnet som flöt förbi. Pojken andades ut och kände en våg av lugn skölja över sig.

"Varför är du så tyst?" frågade pojken floden.

Floden glittrade i solskenet och svarade med en mjuk, nästan viskande röst. "Tystnaden är viktig," sa floden. "I tystnaden kan du höra din egen inre röst, den röst som du annars missar i livets alla ljud."

Pojken funderade på det floden hade sagt. Han hade alltid varit omgiven av ljud och ständiga intryck, och hade aldrig tänkt på vad det innebar att vara i total tystnad. Nu när han satt där vid den tysta floden, började han höra något nytt – sina egna tankar, sina egna känslor, och sin egen röst som talade till honom inifrån.

"Jag har aldrig känt så här förut," sa pojken sakta. "Det är som om jag kan höra mitt hjärta tala till mig."

Floden flöt lugnt vidare och svarade: "I tystnaden finner du klarhet. När världen omkring dig är högljudd och förvirrande, kan tystnaden hjälpa dig att återfinna ditt inre lugn och förstå vad du verkligen känner och vill."

Pojken satt tyst och lyssnade på flodens ord. Ju längre han satt där, desto mer började han förstå vad floden menade. I tystnaden fann han inte bara lugn, utan också en djupare förståelse för sig själv.

När pojken slutligen reste sig för att gå tillbaka hem, kände han sig annorlunda. Han visste nu att när livet blev för högljutt och kaotiskt, kunde han alltid återvända till den tysta floden, där han kunde lyssna till sin egen inre röst.

Och så gick pojken hem, med en ny känsla av frid i sitt hjärta, och varje gång världen omkring honom blev för högljudd, mindes han flodens ord:

I tystnaden kan du höra ditt hjärtas röst.

The Boy and the Silent River

Once upon a time, there was a boy who felt overwhelmed by all the noise in life. At school, it was always noisy, at home, there was never a moment of peace, and even in his own thoughts, the worries echoed, never wanting to quiet down. He longed for silence, but didn't know where to find it.

One day, as the boy walked along a path through the forest, he heard something unusual—or rather, he heard nothing at all. Curious, he followed the path until he came to a river. The river was wide and slow, and the water moved so gently that it barely made a sound. The boy sat down on a stone by the river's edge and listened.

For the first time in a long while, it was quiet. No loud voices, no music, no distracting thoughts—just the gentle movement of the water flowing by. The boy exhaled and felt a wave of calm wash over him.

"Why are you so quiet?" the boy asked the river.

The river glittered in the sunlight and responded with a soft, almost whispering voice. "Silence is important," said the river. "In the silence, you can hear your own inner voice, the voice that you otherwise miss in all the noise of life."

The boy thought about what the river had said. He had always been surrounded by noise and constant stimuli, and had never thought about what it meant to be in total silence. Now, as he sat there by the silent river, he began to hear something new—his own thoughts, his own feelings, and his own voice speaking to him from within.

"I've never felt like this before," the boy said slowly. "It's as if I can hear my heart speaking to me."

The river flowed gently on and replied, "In the silence, you find clarity. When the world around you is loud and confusing, the silence can help you regain your inner calm and understand what you truly feel and want."

The boy sat quietly and listened to the river's words. The longer he sat there, the more he began to understand what the river meant. In the silence, he found not only peace but also a deeper understanding of himself.

When the boy finally stood up to go back home, he felt different. He now knew that when life became too noisy and chaotic, he could always return to the silent river, where he could listen to his own inner voice.

And so the boy went home, with a new sense of peace in his heart, and whenever the world around him became too loud, he remembered the river's words:

In the silence, you can hear the voice of your heart.

Katten som inte kunde fånga en mus

Det var en gång en katt som kände sig väldigt frustrerad. Trots att hon försökte gång på gång, kunde hon aldrig lyckas fånga en mus. Alla de andra katterna i grannskapet var mästare på att smyga, hoppa och fånga möss, men inte hon. Varje gång hon misslyckades kände hon sig mer och mer värdelös.

En dag, när katten satt ensam och funderade över sina misslyckanden, flög en färgglad fjäril förbi och landade på en blomma bredvid henne. Katten suckade djupt och sa, "Jag önskar att jag kunde vara som de andra katterna. Jag önskar att jag kunde fånga möss."

Fjärilen flaxade sina vingar lätt och svarade, "Varför vill du vara som alla andra? Har du någonsin tänkt på att dina styrkor kanske ligger någon annanstans?"

Katten tittade förvånat på fjärilen. "Vad menar du?" frågade hon.

"Alla har sina egna unika styrkor," sa fjärilen. "Du kanske inte är bäst på att fånga möss, men det betyder inte att du inte är speciell på ditt eget sätt. Kanske har du en annan förmåga, något som gör dig unik."

Katten funderade på vad fjärilen hade sagt, men hon kunde inte komma på vad hon var bra på. "Men jag vet inte vad min styrka är," sa hon sorgset.

"Följ med mig," sa fjärilen och flög iväg. Katten följde nyfiket efter.

De kom fram till en liten hundvalp som satt och skakade under en buske. Valpen såg väldigt rädd och ensam ut. Katten gick fram till valpen och lade sig bredvid honom. Hon började spinna mjukt, och efter en stund slutade valpen att skaka. Han tittade upp på katten och log försiktigt.

"Vad bra du är på att trösta andra," sa fjärilen, som nu satt på en gren ovanför dem. "Din förmåga att ge trygghet och värme är något som är mycket speciellt. Det är en styrka som många andra inte har."

Katten tittade på valpen, som nu låg och sov lugnt bredvid henne. För första gången på länge kände hon sig stolt över sig själv. Hon kanske inte kunde fånga möss, men hon hade något som var lika värdefullt – förmågan att sprida lugn och tröst till dem som behövde det.

Från den dagen slutade katten att försöka vara som alla andra katter. Hon insåg att hon hade en unik gåva, och att hennes förmåga att hjälpa andra var det som gjorde henne speciell. Och varje gång hon såg någon som var ledsen eller rädd, fanns hon där för att ge dem tröst.

Du behöver inte vara som alla andra för att vara speciell.

The Cat Who Couldn't Catch a Mouse

Once upon a time, there was a cat who felt very frustrated. No matter how many times she tried, she could never manage to catch a mouse. All the other cats in the neighborhood were masters at sneaking, jumping, and catching mice, but not her. Every time she failed, she felt more and more worthless.

One day, as the cat sat alone, pondering her failures, a colorful butterfly flew by and landed on a flower beside her. The cat sighed deeply and said, "I wish I could be like the other cats. I wish I could catch mice."

The butterfly gently fluttered its wings and replied, "Why do you want to be like everyone else? Have you ever thought that your strengths might lie elsewhere?"

The cat looked at the butterfly in surprise. "What do you mean?" she asked.

"Everyone has their own unique strengths," said the butterfly. "You might not be the best at catching mice, but that doesn't mean you're not special in your own way. Maybe you have another ability, something that makes you unique."

The cat pondered what the butterfly had said, but she couldn't think of what she was good at. "But I don't know what my strength is," she said sadly.

"Follow me," said the butterfly, and flew away. The cat curiously followed.

They came upon a small puppy who was sitting under a bush, trembling. The puppy looked very scared and lonely. The cat approached the puppy and lay down beside him. She began to purr softly, and after a while, the puppy stopped trembling. He looked up at the cat and smiled gently.

"You're so good at comforting others," said the butterfly, now perched on a branch above them. "Your ability to provide comfort and warmth is something very special. It's a strength that many others don't have."

The cat looked at the puppy, who was now lying peacefully asleep beside her. For the first time in a long while, she felt proud of herself. She might not be able to catch mice, but she had something just as valuable—the ability to spread calm and comfort to those who needed it.

From that day on, the cat stopped trying to be like all the other cats. She realized that she had a unique gift, and that her ability to help others was what made her special. And every time she saw someone who was sad or scared, she was there to offer them comfort.

You don't have to be like everyone else to be special.

Ugglan och den förlorade stjärnan

Det var en gång en uggla som varje natt flög över skogen, guidad av en särskild stjärna som alltid lyste klart på himlen. Den stjärnan hade varit hans följeslagare så länge han kunde minnas. Den visade honom vägen genom mörkret och gav honom trygghet när natten kändes som mest skrämmande.

Men en natt, när ugglan steg upp mot himlen, var stjärnan borta. Den plats där den brukade lysa var nu tom och mörk. Ugglan blev orolig och flög runt i panik, letande efter sin stjärna. Han kände sig förlorad utan det ljus som alltid hade väglett honom.

"Var är du, min stjärna?" ropade ugglan ut i natten, men inget svar kom.

Ugglan beslutade sig för att börja en lång resa för att hitta sin förlorade stjärna. Han flög över berg och dalar, genom skogar och över hav, men överallt var natten densamma – mörk och utan hans stjärna. Han mötte andra stjärnor på himlen, men ingen av dem var den han sökte.

Efter många nätter av sökande började ugglan känna sig trött och uppgiven. Han landade på en gammal ek för att vila och fundera på vad han skulle göra. Medan han satt där och tänkte, hörde han en mild röst inom sig.

"Varför söker du ljuset utanför dig, när du kanske redan har det inom dig?" viskade rösten.

Ugglan tittade förvånat omkring sig, men det fanns ingen där. Det var som om rösten kom inifrån honom själv. Han slöt sina ögon och började lyssna noggrant, inte till ljuden runtomkring, utan till sitt eget inre.

Och där, i djupet av sitt hjärta, fann han ett litet ljus. Det var inte lika starkt som stjärnans ljus, men det fanns där, och det värmde honom på ett sätt han aldrig känt förut. Det var ett ljus av mod, av inre styrka, och av självinsikt.

Ugglan öppnade ögonen och förstod plötsligt vad rösten menade. Han hade letat efter stjärnan på alla fel ställen. Den vägledning han behövde fanns inte i stjärnorna på himlen, utan inom honom själv. Med detta nya ljus inom sig kände han sig inte längre förlorad.

Med förnyad styrka och självförtroende lyfte ugglan från eken och flög hemåt. Den mörka natten kändes inte längre lika skrämmande, för nu visste han att han alltid bar ett ljus med sig, ett ljus som kunde lysa upp även de mörkaste stunder.

Från den dagen flög ugglan med en nyvunnen känsla av trygghet. Han behövde inte längre förlita sig på en yttre stjärna för att hitta sin väg. Han hade upptäckt att ljuset inom honom själv var tillräckligt starkt för att vägleda honom genom nattens mörker.

När du tappar bort din väg, kom ihåg ljuset inom dig.

The Owl and the Lost Star

O nce upon a time, there was an owl who flew over the forest every night, guided by a particular star that always shone brightly in the sky. That star had been his companion for as long as he could remember. It showed him the way through the darkness and gave him comfort when the night felt most frightening.

But one night, when the owl rose into the sky, the star was gone. The place where it used to shine was now empty and dark. The owl became worried and flew around in a panic, searching for his star. He felt lost without the light that had always guided him.

"Where are you, my star?" the owl called out into the night, but no answer came.

The owl decided to embark on a long journey to find his lost star. He flew over mountains and valleys, through forests and across seas, but everywhere the night was the same—dark and without his star. He met other stars in the sky, but none of them were the one he sought.

After many nights of searching, the owl began to feel tired and discouraged. He landed on an old oak tree to rest and think about what to do. While he sat there thinking, he heard a gentle voice within him.

"Why do you seek the light outside yourself, when perhaps you already have it within you?" the voice whispered.

The owl looked around in surprise, but there was no one there. It was as if the voice came from within himself. He closed his eyes and began to listen carefully, not to the sounds around him, but to his own inner self.

And there, deep in his heart, he found a small light. It wasn't as bright as the star's light, but it was there, and it warmed him in a way he had never felt before. It was a light of courage, inner strength, and self-awareness.

The owl opened his eyes and suddenly understood what the voice meant. He had been searching for the star in all the wrong places. The guidance he needed wasn't in the stars in the sky, but within himself. With this new light inside him, he no longer felt lost.

With renewed strength and confidence, the owl lifted off from the oak tree and flew home. The dark night no longer felt as frightening, for now he knew that he always carried a light with him, a light that could illuminate even the darkest moments.

From that day on, the owl flew with a newfound sense of security. He no longer needed to rely on an external star to find his way. He had discovered that the light within himself was strong enough to guide him through the darkness of the night.

When you lose your way, remember the light inside you.

Björnen som var rädd för mörkret

Det var en gång en björn som var väldigt rädd för mörkret. Varje gång solen gick ner och skymningen föll, kröp han ihop i sin grotta och darrade av rädsla. Mörkret kändes så stort och skrämmande, och björnen visste inte hur han skulle hantera det.

En natt, när björnen låg vaken och stirrade ut i mörkret, såg han något märkligt på himlen. Där, bland de svarta molnen, började en mjuk, silverfärgad skiva att visa sig. Det var månen, som steg upp och lyste upp natten med sitt milda sken.

Björnen tittade förundrat på månen. "Vem är du?" frågade han försiktigt.

"Jag är månen," svarade månen med en lugn och vänlig röst. "Jag vakar över natten och lyser upp mörkret så att det inte känns så ensamt."

"Men varför är mörkret så skrämmande?" undrade björnen. "Jag känner mig alltid så rädd när solen går ner."

Månen log milt. "Mörkret är inte något att vara rädd för," sa hon. "Det är en tid för vila och förnyelse. När världen vilar, får allt nytt liv en chans att växa. Och i mörkret kan du se stjärnorna, som lyser starkare än någonsin."

Björnen lyfte blicken och såg upp mot himlen. För första gången lade han märke till stjärnorna som glittrade som små diamanter i natten. De var vackra, och deras ljus kändes tröstande.

"Men varför måste det vara så mörkt för att se stjärnorna?" frågade björnen.

"Mörkret är som en filt som sveper in oss och låter oss vila," förklarade månen. "Utan mörkret skulle vi aldrig uppskatta ljuset. Och ibland behöver vi bara lita på att mörkret kan vara en plats av frid, där vi kan hämta kraft och mod."

Björnen tänkte på vad månen hade sagt. Han började känna sig lugnare. Kanske mörkret inte var så farligt trots allt. Kanske var det bara en del av livet, en tid att vila och förbereda sig för en ny dag.

Den natten lade sig björnen ner i sin grotta, men istället för att kura ihop sig av rädsla, sträckte han ut sig och slöt ögonen. Med månen som vakade över honom kände han sig trygg. Han visste att stjärnorna lyste där ute, och att mörkret bara var en tillfällig tid av vila.

Från den dagen var björnen inte längre rädd för mörkret. Han lärde sig att lita på att natten var en del av livet, en tid för förnyelse och återhämtning. Och varje gång han tittade upp mot himlen och såg stjärnorna, påminde han sig själv om att i mörkret lyser stjärnorna starkare.

I mörkret lyser stjärnorna starkare.

The Bear Who Was Afraid of the Dark

Once upon a time, there was a bear who was very afraid of the dark. Every time the sun set and twilight fell, he would curl up in his cave and tremble with fear. The darkness felt so vast and frightening, and the bear didn't know how to cope with it.

One night, as the bear lay awake, staring out into the darkness, he saw something strange in the sky. There, among the black clouds, a soft, silvery disc began to appear. It was the moon, rising and gently illuminating the night with its soft glow.

The bear gazed at the moon in wonder. "Who are you?" he asked cautiously.

"I am the moon," the moon replied in a calm and friendly voice. "I watch over the night and light up the darkness so it doesn't feel so lonely."

"But why is the darkness so frightening?" the bear wondered. "I always feel so scared when the sun goes down."

The moon smiled gently. "Darkness is not something to be afraid of," she said. "It is a time for rest and renewal. When the world rests, all new life has a chance to grow. And in the darkness, you can see the stars, which shine brighter than ever."

The bear lifted his gaze and looked up at the sky. For the first time, he noticed the stars twinkling like tiny diamonds in the night. They were beautiful, and their light felt comforting.

"But why does it have to be so dark to see the stars?" asked the bear.

"Darkness is like a blanket that wraps around us and allows us to rest," the moon explained. "Without darkness, we would never appreciate the light. And sometimes, we just need to trust that the darkness can be a place of peace, where we can gather strength and courage."

The bear thought about what the moon had said. He began to feel calmer. Maybe the darkness wasn't so scary after all. Perhaps it was just a part of life, a time to rest and prepare for a new day.

That night, the bear lay down in his cave, but instead of curling up in fear, he stretched out and closed his eyes. With the moon watching over him, he felt safe. He knew that the stars were shining out there, and that the darkness was just a temporary time of rest.

From that day on, the bear was no longer afraid of the dark. He learned to trust that the night was a part of life, a time for renewal and recovery. And every time he looked up at the sky and saw the stars, he reminded himself that in the darkness, the stars shine brighter.

In the dark, the stars shine brighter.

Musen och den viskande vinden

Det var en gång en timid mus som bodde i en liten håla under ett gammalt träd. Musen var så blyg att den knappt vågade gå ut ur sitt hem. Varje gång vinden blåste, kände musen sig rädd och gömde sig längre in i sin håla.

En dag, när musen låg och lyssnade på vinden som svepte genom träden, hörde den något märkligt. Vinden verkade viska. Nyfiket lutade musen sig fram och försökte höra vad den viskande vinden sa.

"Varför är du så rädd, lilla mus?" frågade vinden mjukt. "Det finns så mycket att upptäcka där ute."

Musen skakade på huvudet. "Jag är för liten och svag. Ingen skulle lyssna på mig."

Vinden skrattade lätt. "Även den minsta rösten kan göra en stor skillnad. Du har en egen röst, och den är värdefull."

Musen kände sig osäker men bestämde sig för att lyssna på vinden. "Men hur kan jag hitta min röst?" frågade musen.

"Det börjar med att du vågar prova," svarade vinden. "Ta ett steg utanför din håla och låt din röst höras."

Med hjärtat som bultade av nervositet, tog musen ett litet steg ut i den friska luften. Vinden svepte runt den, som för att uppmuntra den. Musen tog ett djupt andetag och började säga: "Hej! Jag är här!"

Till sin förvåning hörde musen sitt eget rop ekar genom luften. Vinden bar bort ljudet, och musen kände sig starkare.

"Se! Din röst bär," viskade vinden. "Fortsätt att tala, och du kommer att bli hörd."

Med mod från vinden började musen berätta sin historia för skogen. Den delade sina drömmar och rädslor, och till sin förvåning lyssnade de andra djuren. En ekorre stannade för att höra mer, en fågel flög ner för att lyssna, och till och med en gammal uggla nickade förstående.

Musen insåg att ju mer den talade, desto mer självsäker blev den. Med vinden som sin vän kände musen sig inte längre ensam. Den lärde sig att även om den var liten, kunde den göra en stor skillnad i världen runt omkring sig.

Från den dagen framöver var musen inte längre rädd för att använda sin röst. Den lyssnade på vinden och talade med djuren i skogen, och de alla blev vänner. Musen förstod att den hade något viktigt att säga, och att dess ord hade kraft.

Även den minsta rösten kan göra en stor skillnad.

The Mouse and the Whispering Wind

Once upon a time, there was a timid mouse who lived in a small hole under an old tree. The mouse was so shy that it hardly dared to step outside its home. Every time the wind blew, the mouse felt scared and hid deeper in its hole.

One day, while the mouse lay listening to the wind sweeping through the trees, it heard something strange. The wind seemed to whisper. Curiously, the mouse leaned forward and tried to hear what the whispering wind was saying.

"Why are you so afraid, little mouse?" the wind asked softly. "There is so much to discover out there."

The mouse shook its head. "I am too small and weak. No one would listen to me."

The wind chuckled lightly. "Even the smallest voice can make a big difference. You have your own voice, and it is valuable."

The mouse felt uncertain but decided to listen to the wind. "But how can I find my voice?" the mouse asked.

"It starts with daring to try," the wind replied. "Take a step outside your hole and let your voice be heard."

With its heart pounding from nervousness, the mouse took a small step into the fresh air. The wind wrapped around it, as if to encourage it. The mouse took a deep breath and began to say, "Hello! I am here!"

To its surprise, the mouse heard its own cry echoing through the air. The wind carried the sound away, and the mouse felt stronger.

"See! Your voice carries," the wind whispered. "Keep speaking, and you will be heard."

With courage from the wind, the mouse began to tell its story to the forest. It shared its dreams and fears, and to its surprise, the other animals listened. A squirrel stopped to hear more, a bird flew down to listen, and even an old owl nodded in understanding.

The mouse realized that the more it spoke, the more confident it became. With the wind as its friend, the mouse no longer felt alone. It learned that even though it was small, it could make a big difference in the world around it.

From that day on, the mouse was no longer afraid to use its voice. It listened to the wind and spoke with the animals in the forest, and they all became friends. The mouse understood that it had something important to say, and that its words had power.

Even the smallest voice can make a big difference.

Hjorten och den magiska ängen

Det var en gång en ung hjort som hette Livia. Hon bodde i en stor skog full av träd och blommor, men hon kände sig alltid lite ensam. En dag, medan hon utforskade de djupaste delarna av skogen, snubblade hon över en dolda väg som ledde bortom det kända. Nyfiken följde hon vägen och kom snart till en förtrollande äng.

Ängen var som inget annat Livia hade sett. Blommor i alla färger blomstrade, och deras dofter fyllde luften. Men det mest fantastiska var hur ängens färger förändrades när hon stod där. När Livia såg noga, insåg hon att varje del av ängen glödde i olika nyanser av grönt, gult och rött beroende på var hon stod.

Livia blev förbluffad. "Varför förändras ängen?" frågade hon, vänd mot vinden.

En mjuk röst svarade henne. Det var ängens andar, som viskade genom gräset. "Vi är här för att lära dig om skönheten i förändring, unga hjort. Varje säsong har sin egen färg och sitt eget liv."

Livia blev nyfiken. "Men jag gillar inte förändringar. Jag vill att allt ska förbli som det är."

"Men utan förändring," sa anden, "skulle du aldrig få se de vackra blommorna blomma eller träden få sina löv. Varje förändring ger nya färger till livet."

Livia tänkte på detta. Hon hade alltid sett skogen som en plats av konstanthet, men här, i den magiska ängen, kände hon hur allt var i rörelse. Hon insåg att blommorna som var gula nu skulle bli röda när hösten kom, och att snön skulle täcka ängen på vintern och ge den en ny, tyst skönhet.

Så bestämde sig Livia för att stanna och se hur ängen förändrades med säsongerna. Under våren såg hon hur de första blommorna bröt sig igenom jorden, fyllda med liv. På sommaren njöt hon av att rulla sig i det mjuka, gröna gräset. När hösten kom, såg hon hur ängen förvandlades till en mosaik av röd, orange och gul, och på vintern förvandlades den till en glittrande värld av vitt.

Varje gång Livia återvände till ängen, kände hon hur hennes hjärta växte. Hon lärde sig att omfamna förändringen och se dess skönhet. Genom att observera ängens cykler lärde hon sig också att förändring inte var något att frukta, utan något att välkomna.

Till slut, när Livia återvände till sin del av skogen, bar hon med sig sin nya insikt. Hon kände sig inte längre ensam, för hon visste att förändring var en del av livet, och att varje steg framåt, oavsett hur litet, kunde leda till nya och vackra färger.

Varje förändring ger nya färger till livet.

The Deer and the Magical Meadow

Once upon a time, there was a young deer named Livia. She lived in a large forest full of trees and flowers, but she always felt a bit lonely. One day, while exploring the deepest parts of the forest, she stumbled upon a hidden path that led beyond the familiar. Curious, she followed the path and soon came to an enchanting meadow.

The meadow was unlike anything Livia had ever seen. Flowers of all colors bloomed, and their scents filled the air. But the most amazing thing was how the colors of the meadow changed as she stood there. When Livia looked closely, she realized that every part of the meadow glowed in different shades of green, yellow, and red depending on where she stood.

Livia was astonished. "Why does the meadow change?" she asked, facing the wind.

A soft voice answered her. It was the spirits of the meadow, whispering through the grass. "We are here to teach you about the beauty of change, young deer. Every season has its own color and its own life."

Livia became curious. "But I don't like changes. I want everything to stay the same."

"But without change," said the spirit, "you would never see the beautiful flowers bloom or the trees get their leaves. Every change brings new colors to life."

Livia thought about this. She had always seen the forest as a place of constancy, but here, in the magical meadow, she felt everything was in motion. She realized that the flowers that were yellow now would turn red when autumn came, and that snow would cover the meadow in winter, giving it a new, quiet beauty.

So Livia decided to stay and see how the meadow changed with the seasons. In spring, she watched as the first flowers broke through the ground, filled with life. In summer, she enjoyed rolling in the soft, green grass. When autumn came, she saw how the meadow transformed into a mosaic of red, orange, and yellow, and in winter it became a sparkling world of white.

Each time Livia returned to the meadow, she felt her heart grow. She learned to embrace change and see its beauty. By observing the cycles of the meadow, she also learned that change was not something to fear but something to welcome.

Finally, when Livia returned to her part of the forest, she carried her new insight with her. She no longer felt alone, for she knew that change was a part of life, and that every step forward, no matter how small, could lead to new and beautiful colors.

Every change brings new colors to life.

Igelkotten som kramade världen

Det var en gång en igelkott vid namn Hugo som bodde i en mysig skog. Hugo var en snäll och omtänksam igelkott, men han hade ett stort problem: han var rädd för att krama sina vänner. Hans taggar gjorde att han trodde att han skulle göra ont när han försökte ge kramar.

En solig dag när Hugo satt under ett träd, kände han en mild bris som svepte genom skogen. Den kände sig mjuk och vänlig, nästan som en kram. Nyfiken lutade sig Hugo fram och frågade: "Hej, vem är du som är så snäll?"

"Jag är vinden," svarade brisen. "Jag kommer för att hjälpa dig, Hugo. Varför ser du så ledsen ut?"

Hugo suckade. "Jag vill krama mina vänner, men jag är rädd för att göra dem illa med mina taggar."

Brisen log mjukt. "Även med taggar kan du ge de varmaste kramarna. Det handlar om hur du gör det."

"Hur kan jag göra det?" frågade Hugo förundrat.

"Det börjar med att du lär dig att vara försiktig," sa vinden. "Tänk på dina vänners känslor, och känn hur de reagerar. Du kan ge mjuka, försiktiga kramar som inte skadar dem."

Hugo började tänka på sina vänner. Han ville verkligen ge dem kramar, men hur kunde han göra det utan att de blev rädda för hans taggar?

"Prova att kramas med ett mjukt gosedjur först," föreslog brisen. "Det kommer att hjälpa dig att öva och bli mer säker."

Hugo tyckte att det var en bra idé. Han letade fram sitt mjuka gosedjur, en liten kanin som han hade haft sedan han var liten. Försiktigt kramade han kaninen och kände hur hans hjärta fylldes med värme.

"Se! Det känns bra!" viskade vinden. "Du kan göra det! Ta ett steg till och prova med dina vänner."

Med brisen som sin vän, tog Hugo ett djupt andetag och gick för att träffa sina vänner. Han såg sina kompisar – en ekorre, en hare och en räv som lekte i närheten. Med ett nervöst men bestämt hjärta närmade sig Hugo dem.

"Hej, vänner!" sa han. "Kan jag få ge er en kram?"

De andra djuren tittade på honom förvånat, men de nickade. "Självklart, Hugo!"

Hugo lutade sig försiktigt fram och gav var och en av sina vänner en mjuk och omtänksam kram. Han såg till att hålla sina taggar borta och använda sin mjuka päls för att ge värme.

Till sin stora förvåning kände han hur hans vänner log och kramade tillbaka honom. "Tack, Hugo! Det var den bästa kramen!" sa haren.

Hugo kände sig lycklig och lättad. Han insåg att med lite omsorg och medvetenhet kunde han ge sina vänner de varmaste kramarna, även med sina taggar.

Från den dagen gav Hugo kramar till alla sina vänner. Han lärde sig att vara snäll och omtänksam och att förstå sina vänners gränser.

Även med taggar kan du ge de varmaste kramarna.

The Hedgehog Who Hugged the World

Once upon a time, there was a hedgehog named Hugo who lived in a cozy forest. Hugo was a kind and caring hedgehog, but he had a big problem: he was afraid to hug his friends. His quills made him believe he would hurt them when he tried to give hugs.

One sunny day, while Hugo was sitting under a tree, he felt a gentle breeze sweeping through the forest. It felt soft and friendly, almost like a hug. Curious, Hugo leaned forward and asked, "Hello, who are you that is so kind?"

"I am the wind," replied the breeze. "I have come to help you, Hugo. Why do you look so sad?"

Hugo sighed. "I want to hug my friends, but I'm afraid of hurting them with my quills."

The breeze smiled softly. "Even with quills, you can give the warmest hugs. It's about how you do it."

"How can I do that?" asked Hugo, intrigued.

"It starts with learning to be careful," said the wind. "Think about your friends' feelings, and sense how they react. You can give soft, gentle hugs that won't hurt them."

Hugo began to think about his friends. He really wanted to hug them, but how could he do it without them being scared of his quills?

"Try hugging a soft stuffed animal first," suggested the breeze. "That will help you practice and feel more confident."

Hugo thought that was a good idea. He found his soft stuffed animal, a little bunny he had had since he was small. Carefully, he hugged the bunny and felt his heart fill with warmth.

"See! It feels good!" whispered the wind. "You can do it! Take another step and try with your friends."

With the breeze as his friend, Hugo took a deep breath and went to meet his friends. He saw his buddies—a squirrel, a hare, and a fox playing nearby. With a nervous but determined heart, Hugo approached them.

"Hey, friends!" he said. "Can I give you a hug?"

The other animals looked at him in surprise, but they nodded. "Of course, Hugo!"

Hugo leaned gently forward and gave each of his friends a soft and caring hug. He made sure to keep his quills away and used his soft fur to provide warmth.

To his great surprise, he felt his friends smile and hug him back. "Thank you, Hugo! That was the best hug!" said the hare.

Hugo felt happy and relieved. He realized that with a little care and awareness, he could give his friends the warmest hugs, even with his quills.

From that day on, Hugo gave hugs to all his friends. He learned to be kind and considerate and to understand his friends' boundaries.

Even with quills, you can give the warmest hugs.

Kaninen och Månens Hemlighet

Det var en gång en nyfiken kanin vid namn Rocco som bodde i en grönskande äng. Rocco älskade att hoppa runt och utforska världen, men varje natt, när solen gick ner och mörkret föll, kunde han inte låta bli att undra över en sak: varför följde månen honom?

En klar natt, när stjärnorna blinkade som diamanter, bestämde sig Rocco för att ta reda på månens hemlighet. Han satte sig ner och ropade upp mot den stora, lysande månen. "Måne, måne! Varför följer du mig alltid? Vad vill du?"

Till Roccos stora förvåning hörde han en mjuk och vänlig röst svara. "Jag följer dig, lilla kanin, för jag ser dig. Jag vakar över dig och alla andra skapelser under natten."

Rocco blev förvånad. "Vakar du över mig? Men varför?"

Månen log. "Jag är här för att påminna dig om att du aldrig är ensam. Jag är din följeslagare, och jag finns här för att lysa upp din väg när mörkret faller."

Rocco kände sig varm inombords. "Men jag är så liten och oansenlig. Varför skulle du bry dig om mig?"

"Många drömmer, Rocco," svarade månen. "Och alla, stora som små, har en plats i världen. Jag är här för att påminna dig om att även de minsta varelserna har betydelse."

Rocco kände sig modig och nyfiken. "Men hur kan jag visa att jag bryr mig om andra, precis som du gör?"

Månen svarade: "Genom att vara en vän och ta hand om dem omkring dig. Var snäll mot andra, lyssna när de pratar, och dela dina drömmar. Så kommer du att se hur mycket ljus du kan sprida."

Inspirerad av månens ord hoppade Rocco iväg för att träffa sina vänner. Han ville visa dem att han brydde sig. Först träffade han sin bästa vän, en liten mus vid namn Mia. Rocco berättade för Mia om månens hemlighet och hur den vakade över dem.

"Jag vill också vara en bra vän," sa Rocco. "Jag ska alltid finnas där för dig, precis som månen gör för mig."

Mia log och sa: "Och jag ska göra detsamma för dig, Rocco!"

Under de kommande nätterna, när Rocco och hans vänner lekte, såg de upp mot månen som lyste klart på himlen. De kände sig trygga och glada, för de visste att de hade varandra och att månen alltid skulle vara där för att vaka över dem.

Rocco insåg att det viktigaste var att ta hand om varandra och att vara nyfiken på världen omkring dem. Från den dagen blev han en vän som spridde kärlek och omtanke, och varje natt, när han såg på månen, mindes han dess hemlighet.

Månen vakar över dem som vågar drömma.

The Rabbit and the Moon's Secret

Once upon a time, there was a curious rabbit named Rocco who lived in a lush meadow. Rocco loved to hop around and explore the world, but every night, when the sun set and darkness fell, he couldn't help but wonder one thing: why did the moon follow him?

On a clear night, when the stars twinkled like diamonds, Rocco decided to find out the moon's secret. He sat down and called up to the big, shining moon. "Moon, moon! Why do you always follow me? What do you want?"

To Rocco's great surprise, he heard a soft and friendly voice reply. "I follow you, little rabbit, because I see you. I watch over you and all other creatures during the night."

Rocco was astonished. "You watch over me? But why?"

The moon smiled. "I am here to remind you that you are never alone. I am your companion, and I am here to light your path when darkness falls."

Rocco felt warm inside. "But I am so small and insignificant. Why would you care about me?"

"Many dream, Rocco," the moon replied. "And all, big and small, have a place in the world. I am here to remind you that even the smallest creatures matter."

Rocco felt brave and curious. "But how can I show that I care about others, just like you do?"

The moon answered: "By being a friend and taking care of those around you. Be kind to others, listen when they speak, and share your dreams. That way, you will see how much light you can spread."

Inspired by the moon's words, Rocco hopped away to meet his friends. He wanted to show them that he cared. First, he met his best friend, a little mouse named Mia. Rocco told Mia about the moon's secret and how it watched over them.

"I want to be a good friend too," said Rocco. "I will always be there for you, just like the moon is for me."

Mia smiled and said, "And I will do the same for you, Rocco!"

For the next few nights, as Rocco and his friends played, they looked up at the moon shining brightly in the sky. They felt safe and happy, knowing they had each other and that the moon would always be there to watch over them.

Rocco realized that the most important thing was to take care of each other and to be curious about the world around them. From that day on, he became a friend who spread love and kindness, and every night, when he looked at the moon, he remembered its secret.

The moon watches over those who dare to dream.

Ekorren och den Oändliga Vintern

Det var en gång en ekorre vid namn Signe som bodde i en stor ek i en vacker skog. Denna vinter var annorlunda; den kändes oändlig och kall. Signe kände sig orolig. Hon hade aldrig sett vintern vara så lång, och hennes gömmor med nötter började ta slut.

En kall morgon när Signe tittade ut genom sitt bo, såg hon att snön föll som ett tjockt täcke över marken. "Vad ska jag göra?" tänkte hon. "Jag kan inte klara av den här vintern ensam."

Med ett djupt andetag bestämde sig Signe för att ge sig ut för att hitta sina vänner. Hon hoppade ner från sin gren och skuttade iväg mot en liten glänta där hon visste att hennes vän, den lekfulla ekorren Lasse, brukade leka. När hon kom dit, såg hon Lasse sitta ensam och se på snön.

"Hej, Lasse!" ropade Signe. "Känner du dig också ensam den här vintern?"

Lasse nickade. "Ja, Signe. Jag saknar de soliga dagarna och att leka ute. Vintern känns så lång och kall."

Signe tänkte på det. "Men kanske kan vi göra något tillsammans för att få tiden att gå snabbare!"

Tillsammans började de bygga en snögubbe. De rullade snö till stora bollar och använde pinnar till armar och stenar till ögon. Medan de jobbade, skrattade de och pratade om alla roliga minnen de hade från tidigare vintrar. De insåg att även om det var kallt, kunde de ändå skapa glädje tillsammans.

När snögubben var färdig, insåg Signe och Lasse att de hade haft roligt. De bestämde sig för att bjuda in fler vänner till snögubben och snart var hela gläntan fylld med skratt och glädje. De gjorde snöänglar, lekte snöbollskrig och delade historier om sina drömmar för framtiden.

Signe kände att den kalla vintern började kännas mindre skrämmande. Hon insåg att även om snön föll tungt och vintern kändes oändlig, kunde värmen från vänskapen hålla henne varm.

"Även i den kallaste vintern kan vänskapens värme hålla oss varma," sa Signe med ett leende.

Från den dagen och framåt, varje gång vintern kändes lång, samlades Signe och hennes vänner för att leka och njuta av de små glädjeämnena. De visste att oavsett hur kallt det blev, skulle de alltid ha varandra att lita på.

Även i den kallaste vintern kan vänskapens värme hålla dig varm.

The Squirrel and the Endless Winter

Once upon a time, there was a squirrel named Signe who lived in a large oak tree in a beautiful forest. This winter was different; it felt endless and cold. Signe was worried. She had never seen winter last so long, and her stash of nuts was starting to run low.

One cold morning, when Signe looked out of her nest, she saw that the snow was falling like a thick blanket over the ground. "What am I going to do?" she thought. "I can't handle this winter alone."

Taking a deep breath, Signe decided to go out and find her friends. She jumped down from her branch and scurried off to a little clearing where she knew her playful friend, Lasse the squirrel, liked to play. When she got there, she saw Lasse sitting alone, watching the snow.

"Hey, Lasse!" shouted Signe. "Do you feel lonely this winter too?"

Lasse nodded. "Yes, Signe. I miss the sunny days and playing outside. Winter feels so long and cold."

Signe thought about it. "But maybe we can do something together to make time go by faster!"

Together they started building a snowman. They rolled snow into large balls and used sticks for arms and stones for eyes.

While they worked, they laughed and talked about all the fun memories they had from previous winters. They realized that even though it was cold, they could still create joy together.

When the snowman was finished, Signe and Lasse realized they had a lot of fun. They decided to invite more friends to the snowman, and soon the whole clearing was filled with laughter and joy. They made snow angels, had snowball fights, and shared stories about their dreams for the future.

Signe felt that the cold winter was starting to feel less frightening. She realized that even though the snow was falling heavily and winter felt endless, the warmth of friendship could keep her warm.

"Even in the coldest winter, the warmth of friendship can keep us warm," said Signe with a smile.

From that day forward, every time winter felt long, Signe and her friends gathered to play and enjoy the small joys. They knew that no matter how cold it got, they would always have each other to rely on.

Even in the coldest winter, the warmth of friendship can keep you warm.

Räven och det Magiska Bäret

Det var en gång en listig räv vid namn Felix som bodde i en stor, tät skog. Felix var känd för att vara både snabb och smart, men ibland tyckte de andra djuren att han var lite för självisk. Han gillade att lösa sina egna problem, utan att bry sig särskilt mycket om vad de andra behövde.

En dag när Felix var ute och letade efter mat, snubblade han över något märkligt. Under en buske låg ett bär som glödde med ett svagt, magiskt ljus. "Det här ser intressant ut," tänkte Felix. "Jag har aldrig sett något sånt här förut!"

Utan att tveka åt han upp bäret. Det smakade sött och saftigt, men så snart han svalt det, kände han något konstigt. Plötsligt kunde han höra en massa röster omkring sig. Men det var inga vanliga röster – det var djurens röster! Han kunde nu förstå vad alla djur i skogen sa.

Först var Felix förvirrad, men snart insåg han vilken gåva han hade fått. Han kunde nu kommunicera med alla djuren på deras eget språk. Nyfiken bestämde han sig för att se vad han kunde göra med sin nya kraft.

När han gick vidare genom skogen hörde han två ekorrar som grälade om ett träd. Den ena ekorren skrek: "Det här är mitt träd! Jag hittade det först!" Den andra svarade: "Nej, det är mitt! Jag samlade mina nötter här!"

Felix kände att han borde hjälpa till. "Hej, ekorrar," sa han. "Jag hör ert problem. Varför delar ni inte trädet och samlar nötter tillsammans? Det finns nog för er båda."

Ekorrarna tittade förvånat på Felix. "Du kan prata vårt språk!" utropade de. Felix log. "Ja, och jag tror att vi kan lösa det här om vi jobbar tillsammans."

Efter att ha hört Felix' förslag bestämde sig ekorrarna för att sluta bråka och börja dela på trädet. De insåg att det var mycket enklare och roligare att samarbeta. Felix kände sig stolt över att ha hjälpt dem och gick vidare.

Senare samma dag mötte Felix en uggla som satt högt uppe i ett träd och såg ledsen ut. "Vad är det för fel?" frågade Felix.

"Jag har tappat bort mitt bo," svarade ugglan sorgset. "Jag vet inte var jag ska ta vägen."

Felix tänkte efter och kom ihåg att han nyligen hade sett ett övergivet bo längre in i skogen. "Kom med mig," sa Felix. "Jag tror jag vet var du kan hitta ett nytt hem."

Ugglan följde Felix, och tillsammans hittade de ett tryggt bo. "Tack," sa ugglan. "Du har räddat mig!"

Under hela dagen hjälpte Felix fler djur med deras problem. Han insåg att hans nya förmåga inte bara handlade om att förstå djuren, utan också om att visa empati och hjälpa dem när de behövde det.

Vid dagens slut satte sig Felix under en stor ek och tittade upp på himlen. Han log för sig själv. "Ibland är den bästa magin att förstå andra," tänkte han.

Från den dagen använde Felix sina nya krafter till att hjälpa sina vänner i skogen. Han lärde sig att det inte alltid handlar om att vara den smartaste eller snabbaste, utan att vara en bra vän och samarbeta med andra.

Ibland är den bästa magin att förstå andra.

The Fox and the Magic Berry

Once upon a time, there was a clever fox named Felix who lived in a large, dense forest. Felix was known for being both fast and smart, but sometimes the other animals thought he was a bit too selfish. He liked to solve his own problems without caring much about what the others needed.

One day, while Felix was out searching for food, he stumbled upon something strange. Under a bush lay a berry that glowed with a faint, magical light. "This looks interesting," Felix thought. "I've never seen anything like this before!"

Without hesitation, he ate the berry. It tasted sweet and juicy, but as soon as he swallowed it, he felt something strange. Suddenly, he could hear a lot of voices around him. But these weren't ordinary voices – they were the voices of the animals! He could now understand what all the animals in the forest were saying.

At first, Felix was confused, but soon he realized what a gift he had been given. He could now communicate with all the animals in their own language. Curious, he decided to see what he could do with his new power.

As he walked further into the forest, he heard two squirrels arguing over a tree. One squirrel shouted, "This is my tree! I found it first!" The other replied, "No, it's mine! I stored my nuts here!"

Felix felt he should help. "Hey, squirrels," he said. "I hear your problem. Why don't you share the tree and gather nuts together? There's enough for both of you."

The squirrels looked at Felix in surprise. "You can speak our language!" they exclaimed. Felix smiled. "Yes, and I think we can solve this if we work together."

After hearing Felix's suggestion, the squirrels decided to stop fighting and started sharing the tree. They realized it was much easier and more fun to cooperate. Felix felt proud for helping them and continued on his way.

Later that day, Felix met an owl sitting high up in a tree, looking sad. "What's wrong?" Felix asked.

"I've lost my nest," the owl replied sorrowfully. "I don't know where to go."

Felix thought for a moment and remembered that he had recently seen an abandoned nest deeper in the forest. "Come with me," Felix said. "I think I know where you can find a new home."

The owl followed Felix, and together they found a safe nest. "Thank you," said the owl. "You've saved me!"

Throughout the day, Felix helped more animals with their problems. He realized that his new ability wasn't just about understanding the animals, but also about showing empathy and helping them when they needed it.

At the end of the day, Felix sat under a big oak tree and looked up at the sky. He smiled to himself. "Sometimes, the best magic is understanding others," he thought.

From that day forward, Felix used his new powers to help his friends in the forest. He learned that it wasn't always about being the smartest or fastest, but about being a good friend and working together with others.

Sometimes, the best magic is understanding others.

Ugglan som Glömde Hur Man Flyger

Det var en gång en ung uggla vid namn Otis som bodde högt uppe i ett gammalt träd mitt i skogen. Otis älskade att flyga. Varje natt brukade han sväva över trädtopparna och titta på stjärnorna. Men en morgon när Otis vaknade kände han något konstigt. Han kunde inte minnas hur man flög!

Otis fladdrade med vingarna, men de kändes tunga och klumpiga. Hur kunde han ha glömt något som var så naturligt? Rädd och generad gömde sig Otis i sitt bo och vågade inte berätta för någon.

Dagarna gick och Otis stannade i sitt träd medan hans vänner, de andra fåglarna, flög omkring och hade roligt. En dag knackade Otis' vän, en ekorre vid namn Ella, på hans bo.

"Otis, varför kommer du inte ut och flyger med oss?" frågade hon.

Otis tittade ner på sina vingar och suckade. "Jag... jag har glömt hur man flyger," erkände han blygt.

Ella log vänligt. "Ingen fara, Otis. Alla glömmer saker ibland. Men jag är säker på att du kan lära dig igen, och vi kan hjälpa dig!"

Med lite tvekan följde Otis med Ella ner till marken där de andra djuren väntade. De alla såg på Otis med uppmuntrande leenden.

"Vi börjar med små steg," sa Ella. "Prova att bara flaxa med vingarna och lyfta lite från marken."

Otis var nervös men bestämde sig för att ge det ett försök. Han flaxade med vingarna och kände hur han långsamt lyfte från marken, men sedan tappade han balansen och landade klumpigt igen.

"Det är okej!" sa Ella. "Försök igen. Det tar tid att komma ihåg, men vi tror på dig!"

Otis tog ett djupt andetag och försökte igen. Denna gång kom han lite högre upp innan han sakta landade. Det kändes fortfarande svårt, men han kunde känna att han blev starkare för varje försök.

Hans andra vänner, en kanin och en mus, hejade på honom från marken. "Du klarar det, Otis! Du flyger redan bättre!" ropade de.

Med tiden blev Otis mer självsäker. Han övade varje dag med sina vänner vid sin sida, och långsamt började han minnas hur det kändes att sväva genom luften. En kväll, när solen började gå ner, bestämde han sig för att försöka en sista gång.

Med ett djupt andetag flaxade han kraftigt med vingarna och kände hur han steg högre och högre. Till slut svävade han över trädtopparna, precis som han brukade. Hans hjärta fylldes av glädje och stolthet.

Hans vänner jublade nedanför honom. "Du klarade det, Otis! Du kan flyga igen!"

Otis landade bredvid sina vänner med ett stort leende på läpparna. "Tack, allihop," sa han. "Utan er skulle jag aldrig ha kunnat flyga igen."

Ella log och la en tass på hans vinge. "Med lite hjälp och mycket mod kan man alltid flyga igen."

Från den dagen var Otis inte längre rädd för att göra misstag eller be om hjälp. Han visste att med tålamod, övning och sina vänner vid sin sida, kunde han övervinna alla hinder.

Med lite hjälp och mycket hjärta kan man alltid flyga igen.

The Owl Who Forgot How to Fly

Once upon a time, there was a young owl named Otis who lived high up in an old tree in the middle of the forest. Otis loved to fly. Every night, he would soar over the treetops and gaze at the stars. But one morning, when Otis woke up, he felt something strange. He couldn't remember how to fly!

Otis flapped his wings, but they felt heavy and clumsy. How could he have forgotten something that came so naturally? Scared and embarrassed, Otis hid in his nest and didn't dare tell anyone.

Days passed, and Otis stayed in his tree while his friends, the other birds, flew around and had fun. One day, Otis's friend, a squirrel named Ella, knocked on his nest.

"Otis, why aren't you coming out to fly with us?" she asked.

Otis looked down at his wings and sighed. "I... I've forgotten how to fly," he admitted shyly.

Ella smiled kindly. "Don't worry, Otis. Everyone forgets things sometimes. But I'm sure you can learn again, and we can help you!"

With a little hesitation, Otis followed Ella down to the ground where the other animals were waiting. They all looked at Otis with encouraging smiles.

"We'll start with small steps," said Ella. "Try just flapping your wings and lifting a little off the ground."

Otis was nervous but decided to give it a try. He flapped his wings and felt himself slowly lift off the ground, but then he lost his balance and clumsily landed again.

"It's okay!" said Ella. "Try again. It takes time to remember, but we believe in you!"

Otis took a deep breath and tried again. This time, he got a little higher before gently landing. It still felt hard, but he could feel himself getting stronger with every try.

His other friends, a rabbit and a mouse, cheered for him from the ground. "You can do it, Otis! You're already flying better!" they shouted.

Over time, Otis became more confident. He practiced every day with his friends by his side, and slowly, he began to remember what it felt like to soar through the air. One evening, as the sun began to set, he decided to try one last time.

With a deep breath, he flapped his wings powerfully and felt himself rise higher and higher. Finally, he was soaring above the treetops, just like he used to. His heart filled with joy and pride.

His friends cheered below him. "You did it, Otis! You can fly again!"

Otis landed beside his friends with a big smile on his face. "Thank you, everyone," he said. "Without you, I would never have been able to fly again."

Ella smiled and placed a paw on his wing. "With a little help and a lot of heart, you can always fly again."

From that day on, Otis was no longer afraid of making mistakes or asking for help. He knew that with patience, practice, and his friends by his side, he could overcome any challenge.

With a little help and a lot of heart, you can always fly again.